화엄경 제14권 해설

화엄경 제14권에는 정행품과 현수품 등 두품이 들어있다.

정행품에서는 문수보살과 지수보살이 문답으로 10무가행을 설한다. "어떻게 해야 3업이 원만하고 불과를 구족하여 10종 지혜와 인연·선교·7각·3공·6도·4심을 얻을 수 있습니까?"
물으니(pp.1~8) 문수보살이
"재가 출가자를 막론하고 마음을 착하게 쓰면서 모든 일을 원력 속에서 실천해야 한다." (pp.8~9)
하시면서 공덕을 얻는 방법을 pp.10~50까지 4자 게송으로 답변하였다.

그런데 우리나라 공양게(석문의범·반야심경) 가운데
① 하발게 (執持應器當願衆生 成就法器受天人供)
② 전발게 (如來應量器 我今得敷展 願共一切衆 等三輪空寂)
③ 창식게 (三德六味施佛及僧 法界人天普同供養)
④ 수식게 (若受食時當願衆生 禪悅爲食法喜充滿)
⑤ 5관게 (計功多少量彼內處 村己德行全缺應供 防心離過貪等爲宗
正思良藥爲療形枯 爲成道業應受此食)

나온다. 그리고 현수품에서는 현수와 문수의 문답을 통하여 부처님의 발심·신력(信力)·신인(信人) 작용에 대하여 설명하였는데 pp.51~132까지 칠구시(七句詩)로서 구성되어 있다. 그 시는 다음 제15권까지 연장된다.

淨行品 (정행품)

第十一 (제십일)

爾時智首菩薩問文殊師 (이시지수보살문문수사)

利菩薩言佛子菩薩云何得 (리보살언불자보살운하득)

無過失身語意業云何得不 (무과실신어의업운하득불)

害身語意業云何得不可毁 (해신어의업운하득불가훼)

身語意業云何得不可壞 (신어의업운하득불가괴)

身語意業云何得不退轉 (신어의업운하득불퇴전)

身語 (신어)

意의 業업 云운 何하 得득 不불 可가 動동 身신 語어 意의

業업 云운 何하 得득 殊수 勝승 身신 語어 意의 業업 云운

何하 得득 清청 淨정 身신 語어 意의 業업 云운 何하 得득

無무 染염 身신 語어 意의 業업 云운 何하 得득 智지 爲위

先선 導도 身신 語어 意의 業업

云운 何하 得득 生생 處처 具구 足족 種종 族족 具구

足족 家가 具구 足족 色색 具구 足족 相상 具구 足족 念염

具(구)足(족)慧(혜)具(구)足(족)行(행)具(구)足(족)無(무)畏(외)具(구)
足(족)覺(각)悟(오)具(구)足(족)
云(운)何(하)得(득)勝(승)慧(혜)第(제)一(일)慧(혜)最(최)上(상)
慧(혜)最(최)勝(승)慧(혜)無(무)量(량)慧(혜)無(무)數(수)慧(혜)不(불)
思(사)議(의)慧(혜)無(무)與(여)等(등)慧(혜)不(불)可(가)量(량)慧(혜)
不(불)可(가)說(설)慧(혜)
云(운)何(하)得(득)因(인)力(력)欲(욕)力(력)方(방)便(편)力(력)

緣(연)力(력)所(소)緣(연)力(력)根(근)力(력)觀(관)察(찰)力(력)奢(사)
摩(마)他(타)力(력)毘(비)鉢(바)舍(사)那(나)力(력)思(사)惟(유)力(력)
云(운)何(하)得(득)蘊(온)善(선)巧(교)界(계)善(선)巧(교)處(처)善(선)
巧(교)緣(연)起(기)善(선)巧(교)欲(욕)界(계)善(선)巧(교)色(색)界(계)
善(선)巧(교)無(무)色(색)界(계)善(선)巧(교)過(과)去(거)善(선)巧(교)
未(미)來(래)善(선)巧(교)現(현)在(재)善(선)巧(교)
云(운)何(하)善(선)修(수)習(습)念(념)覺(각)分(분)擇(택)法(법)

	羅 라	波 바	波 바	願 원	分 분	覺 각
云 운	密 밀	羅 라	羅 라	云 운	定 정	分 분
何 하	及 급	密 밀	密 밀	何 하	覺 각	精 정
得 득	以 이	禪 선	羼 찬	得 득	分 분	進 진
處 처	圓 원	那 나	提 제	圓 원	捨 사	覺 각
非 비	滿 만	波 바	波 바	滿 만	覺 각	分 분
處 처	慈 자	羅 라	羅 라	檀 단	分 분	喜 희
智 지	悲 비	密 밀	密 밀	波 바	空 공	覺 각
力 력	喜 희	般 반	毘 비	羅 라	無 무	分 분
過 과	捨 사	若 야	梨 리	密 밀	相 상	猗 의
未 미		波 바	耶 야	尸 시	無 무	覺 각

現在業報智力根勝劣智力
현재업보지력근승렬지력

種種界智力種種解智力一
종종계지력종종해해지력일

切至處道智力禪解脫三昧
체지처도지력선해탈삼매

染淨智力宿住念智力無障
염정지력숙주념지력무장

礙天眼智力斷諸習智力云
애천안지력단제습지력운

何常得天王龍王夜叉王乾
하상득천왕용왕야차왕건

闥婆王阿修羅王迦樓羅王
달바왕아수라왕가루라왕

爲 위	於 어	照 조	爲 위		梵 범	緊 긴
勝 승	一 일	爲 위	救 구	云 운	王 왕	那 나
爲 위	切 체	導 도	爲 위	何 하	之 지	羅 라
最 최	衆 중	爲 위	歸 귀	得 득	所 소	王 왕
勝 승	生 생	勝 승	爲 위	與 여	守 수	摩 마
爲 위	中 중	導 도	趣 취	一 일	護 호	睺 후
妙 묘	爲 위	爲 위	爲 위	切 체	恭 공	羅 라
爲 위	第 제	普 보	炬 거	衆 중	敬 경	伽 가
極 극	一 일	導 도	爲 위	生 생	供 공	王 왕
妙 묘	爲 위	云 운	明 명	爲 위	養 양	人 인
爲 위	大 대	何 하	爲 위	依 의		王 왕

사경의 공덕은 십만억 부처님께 공양한 것과 같은 공덕이 있습니다.

上(상)爲(위)無(무)上(상)爲(위)無(무)等(등)爲(위)無(무)等(등)等(등)

爾(이)時(시)文(문)殊(수)師(사)利(리)菩(보)薩(살)告(고)智(지)

首(수)菩(보)薩(살)言(언)善(선)哉(재)佛(불)子(자)汝(여)今(금)爲(위)

欲(욕)多(다)所(소)饒(요)益(익)多(다)所(소)安(안)隱(은)哀(애)愍(민)

世(세)間(간)利(리)樂(락)天(천)人(인)問(문)如(여)是(시)義(의)

佛(불)子(자)若(약)諸(제)菩(보)薩(살)善(선)用(용)其(기)心(심)

則(즉)獲(획)一(일)切(체)勝(승)妙(묘)功(공)德(덕)於(어)諸(제)佛(불)

法법 心심 無무 所소 礙애 住주 去거 來래 今금 諸제 佛불
之지 道도 隨수 衆중 生생 住주 恒항 不불 捨사 離리 如여
諸제 法법 相상 悉실 能능 通통 達달 斷단 一일 切체 惡악
具구 足족 衆중 善선 當당 如여 普보 賢현 色색 像상 第제
一일 一일 切체 行행 願원 皆개 得득 具구 足족 於어 一일
切체 法법 無무 不불 自자 在재 而이 爲위 衆중 生생 第제
二이 導도 師사

佛子云何用心能獲一切勝妙功德
불자운하용심능획일체승묘공덕

佛子
불자

菩薩在家 當願衆生
보살재가 당원중생

知家性空 免其逼迫
지가성공 면기핍박

孝事父母 當願衆生
효사부모 당원중생

善事於佛 護養一切
선사어불 호양일체

妻子集會 當願衆生
처자집회 당원중생

사경의 공덕은 십만억 부처님께 공양한 것과 같은 공덕이 있습니다.

怨親平等 원친평등
若得五欲 약득오욕
拔除欲箭 발제욕전
妓樂聚會 기악취회
以法自娛 이법자오
若在宮室 약재궁실
入於聖地 입어성지

永離貪著 영리탐착
當願衆生 당원중생
究竟安隱 구경안은
當願衆生 당원중생
了妓非實 요기비실
當願衆生 당원중생
永除穢欲 영제예욕

著瓔珞時 착영락시
捨諸僞飾 사제위식
上昇樓閣 상승루각
昇正法樓 승정법루
若有所施 약유소시
一切能捨 일체능사
衆會聚集 중회취집

當願衆生 당원중생
到眞實處 도진실처
當願衆生 당원중생
徹見一切 철견일체
當願衆生 당원중생
心無愛著 심무애착
當願衆生 당원중생

捨사 衆중 聚취 法법
若약 在재 厄액 難난
隨수 意의 自자 在재
捨사 居거 家가 時시
出출 家가 無무 礙애
入입 僧승 伽가 藍람
演연 說설 種종 種종

成성 一일 切체 智지
當당 願원 衆중 生생
所소 行행 無무 礙애
當당 願원 衆중 生생
心심 得득 解해 脫탈
當당 願원 衆중 生생
無무 乖괴 諍쟁 法법

詣大小師 (예대소사)
巧事師長 (교사사장)
求請出家 (구청출가)
得不退法 (득불퇴법)
脫去俗服 (탈거속복)
勤修善根 (근수선근)
剃除鬚髮 (체제수발)

當願衆生 (당원중생)
習行善法 (습행선법)
當願衆生 (당원중생)
心無障礙 (심무장애)
當願衆生 (당원중생)
捨諸罪軛 (사제죄액)
當願衆生 (당원중생)
生

永離煩惱 영리번뇌
著袈裟衣 착가사의
心無所染 심무소염
正出家時 정출가시
同佛出家 동불출가
自歸於佛 자귀어불
紹隆佛種 소륭불종

究竟寂滅 구경적멸
當願衆生 당원중생
具大仙道 구대선도
當願衆生 당원중생
救護一切 구호일체
當願衆生 당원중생
發無上意 발무상의

自歸於法 자귀어법
深入經藏 심입경장
自歸於僧 자귀어승
統理大衆 통리대중
受學戒時 수학계시
善學於戒 선학어계
受闍梨教 수사리교

當願衆生 당원중생
智慧如海 지혜여해
當願衆生 당원중생
一切無礙 일체무애
當願衆生 당원중생
不作衆惡 부작중악
當願衆生 당원중생

具足威儀
受和尙敎
入無生智
受具足戒
具諸方便
若入堂宇
昇無上堂
所行眞實
當願衆生
到無依處
當願衆生
得最勝法
當願衆生
安住不動

若敷牀座 약부상좌
當願衆生 당원중생
開敷善法 개부선법
見眞實相 견진실상
正身端坐 정신단좌
當願衆生 당원중생
坐菩提座 좌보리좌
心無所著 심무소착
結跏趺坐 결가부좌
當願衆生 당원중생
善根堅固 선근견고
得不動地 득부동지
修行於定 수행어정
當願衆生 당원중생

以定伏心 이정복심
若修於觀 약수어관
見如實理 견여실리
捨跏趺坐 사가부좌
觀諸行法 관제행법
下足住時 하족주시
心得解脫 심득해탈

究竟無餘 구경무여
當願衆生 당원중생
永無乖諍 영무괴쟁
當願衆生 당원중생
悉歸散滅 실귀산멸
當願衆生 당원중생
安住不動 안주부동

若舉於足 약거어족
出生死海 출생사해
著下裙時 착하군시
服諸善根 복제선근
整衣束帶 정의속대
檢束善根 검속선근
若著上衣 약착상의

當願衆生 당원중생
具衆善法 구중선법
當願衆生 당원중생
具足慚愧 구족참괴
當願衆生 당원중생
不令散失 불령산실
當願衆生 당원중생

著僧伽梨 착승가리
獲勝善根 획승선근
入第一位 입제일위
手執楊枝 수집양지
皆得妙法 개득묘법
嚼楊枝時 작양지시
其心調淨 기심조정

當願衆生 당원중생
至法彼岸 지법피안
當願衆生 당원중생
得不動法 득부동법
當願衆生 당원중생
究竟清淨 구경청정
噬諸煩惱 서제번뇌

大小便時 (대소변시)
棄貪瞋癡 (기탐진치)
事訖就水 (사흘취수)
出世法中 (출세법중)
洗滌形穢 (세척형예)
淸淨調柔 (청정조유)
以水盥掌 (이수관장)

當願衆生 (당원중생)
蠲除罪法 (견제죄법)
當願衆生 (당원중생)
速疾而往 (속질이왕)
當願衆生 (당원중생)
畢竟無垢 (필경무구)
當願衆生 (당원중생)

成 성	執 집	設 설	手 수	得 득	以 이	得 득
就 취	持 지	大 대	執 집	淨 정	水 수	淸 청
法 법	應 응	施 시	錫 석	法 법	洗 세	淨 정
器 기	器 기	會 회	杖 장	門 문	面 면	手 수

受 수	當 당	示 시	當 당	永 영	當 당	受 수
天 천	願 원	如 여	願 원	無 무	願 원	持 지
人 인	衆 중	實 실	衆 중	垢 구	衆 중	佛 불
供 공	生 생	道 도	生 생	染 염	生 생	法 법

發趾向道 當願衆生
발지향도 당원중생

趣佛所行 入無依處
취불소행 입무의처

若在於道 當願衆生
약재어도 당원중생

能行佛道 向無餘法
능행불도 향무여법

涉路而去 當願衆生
섭로이거 당원중생

履淨法界 心無障礙
이정법계 심무장애

見昇高路 當願衆生
견승고로 당원중생

永出三界 영출삼계
見趣下路 견취하로
其心謙下 기심겸하
見斜曲路 견사곡로
捨不正道 사불정도
若見正路 약견정로
其心正直 기심정직

心無怯弱 심무겁약
當願衆生 당원중생
長佛善根 장불선근
當願衆生 당원중생
永除惡見 영제악견
當願衆生 당원중생
無諂無誑 무첨무광

若 약	住 주	若 약	常 상	見 견	遠 원	見 견
見 견	正 정	見 견	行 행	路 로	離 리	路 로
衆 중	法 법	險 험	大 대	無 무	塵 진	多 다
會 회	界 계	道 도	悲 비	塵 진	坌 분	塵 진

當 당	離 이	當 당	其 기	當 당	獲 획	當 당
願 원	諸 제	願 원	心 심	願 원	淸 청	願 원
衆 중	罪 죄	衆 중	潤 윤	衆 중	淨 정	衆 중
生 생	難 난	生 생	澤 택	生 생	法 법	生 생

說甚深法 설심심법
若見大柱 약견대주
離我諍心 이아쟁심
若見叢林 약견총림
諸天及人 제천급인
若見高山 약견고산
善根超出 선근초출

一切和合 일체화합
當願衆生 당원중생
無有忿恨 무유분한
當願衆生 당원중생
所應敬禮 소응경례
當願衆生 당원중생
無能至頂 무능지정

見棘刺樹 견극자수
疾得翦除 질득전제
見樹葉茂 견수엽무
以定解脫 이정해탈
若見華開 약견화개
神通等法 신통등법
若見樹華 약견수화

當願衆生 당원중생
三毒之刺 삼독지자
當願衆生 당원중생
而爲蔭映 이위음영
當願衆生 당원중생
如華開敷 여화개부
當願衆生 당원중생

衆相如華 중상여화
若見果實 약견과실
獲最勝法 획최승법
若見大河 약견대하
得預法流 득예법류
若見陂澤 약견피택
疾悟諸佛 질오제불

具三十二 구삼십이
當願衆生 당원중생
證菩提道 증보리도
當願衆生 당원중생
入佛智海 입불지해
當願衆生 당원중생
一味之法 일미지법

사경의 공덕은 십만억 부처님께 공양한 것과 같은 공덕이 있습니다.

若見池沼(약견지소) 當願衆生(당원중생)
語業滿足(어업만족) 巧能演說(교능연설)
若見汲井(약견급정) 當願衆生(당원중생)
具足辯才(구족변재) 演一切法(연일체법)
若見涌泉(약견용천) 當願衆生(당원중생)
方便增長(방편증장) 善根無盡(선근무진)
若見橋道(약견교도) 當願衆生(당원중생)

廣度一切 (광도일체)
若見流水 (약견류수)
得善意欲 (득선의욕)
見修園圃 (견수원포)
五欲圃中 (오욕포중)
見無憂林 (견무우림)
永離貪愛 (영리탐애)

猶如橋梁 (유여교량)
當願衆生 (당원중생)
洗除惑垢 (세제혹구)
當願衆生 (당원중생)
耘除愛草 (운제애초)
當願衆生 (당원중생)
不生憂怖 (불생우포)

若見園苑 (약견원원) 當願衆生 (당원중생)
勤修諸行 (근수제행) 趣佛菩提 (취불보리)
見嚴飾人 (견엄식인) 當願衆生 (당원중생)
三十二相 (삼십이상) 以爲嚴好 (이위엄호)
見無嚴飾 (견무엄식) 當願衆生 (당원중생)
捨諸飾好 (사제식호) 具頭陀行 (구두타행)
見樂著人 (견락착인) 當願衆生 (당원중생)

以法自娛 이법자오
見無樂著 견무락착
有爲事中 유위사중
見歡樂人 견환락인
常得安樂 상득안락
見苦惱人 견고뇌인
獲根本智 획근본지

歡愛不捨 환애불사
當願衆生 당원중생
心無所樂 심무소락
當願衆生 당원중생
樂供養佛 낙공양불
當願衆生 당원중생
滅除衆苦 멸제중고

見無病人 (견무병인)
入眞實慧 (입진실혜)
見疾病人 (견질병인)
知身空寂 (지신공적)
見端正人 (견단정인)
於佛菩薩 (어불보살)
見醜陋人 (견추루인)

當願衆生 (당원중생)
永無病惱 (영무병뇌)
當願衆生 (당원중생)
離乖諍法 (이괴쟁법)
當願衆生 (당원중생)
常生淨信 (상생정신)
當願衆生 (당원중생)

於不善事 어불선사
見報恩人 견보은인
於佛菩薩 어불보살
見背恩人 견배은인
於有惡人 어유악인
若見沙門 약견사문
調柔寂靜 조유적정

不生樂著 불생락착
當願衆生 당원중생
能知恩德 능지은덕
當願衆生 당원중생
不加其報 불가기보
當願衆生 당원중생
畢竟第一 필경제일

見婆羅門(견바라문)
永持梵行(영지범행)
見苦行人(견고행인)
依於苦行(의어고행)
見操行人(견조행인)
堅持志行(견지지행)
見著甲冑(견착갑주)

當願衆生(당원중생)
離一切惡(이일체악)
當願衆生(당원중생)
至究竟處(지구경처)
當願衆生(당원중생)
不捨佛道(불사불도)
當願衆生(당원중생)

常服善鎧 상복선개
見無鎧仗 견무개장
永離一切 영리일체
見論議人 견론의인
於諸異論 어제이론
見正命人 견정명인
得清淨命 득청정명

趣無師法 취무사법
當願衆生 당원중생
不善之業 불선지업
當願衆生 당원중생
悉能摧伏 실능최복
當願衆生 당원중생
不矯威儀 불교위의

若見於王 약견어왕
得爲法王 득위법왕
若見王子 약견왕자
從法化生 종법화생
若見長者 약견장자
善能明斷 선능명단
若見大臣 약견대신

當願衆生 당원중생
恒轉正法 항전정법
當願衆生 당원중생
而爲佛子 이위불자
當願衆生 당원중생
不行惡法 불행악법
當願衆生 당원중생

사경의 공덕은 십만억 부처님께 공양한 것과 같은 공덕이 있습니다.

恒항 守수 正정 念념

若약 見견 城성 郭곽

得득 堅견 固고 身신

若약 見견 王왕 都도

功공 德덕 共공 聚취

見견 處처 林림 藪수

應응 爲위 天천 人인

習습 行행 衆중 善선

當당 願원 衆중 生생

心심 無무 所소 屈굴

當당 願원 衆중 生생

心심 恒항 喜희 樂락

當당 願원 衆중 生생

之지 所소 歎탄 仰앙

入里乞食(입리걸식) 當願衆生(당원중생)
入深法界(입심법계) 心無障礙(심무장애)

到人門戶(도인문호) 當願衆生(당원중생)
入於一切(입어일체) 佛法之門(불법지문)

入其家已(입기가이) 當願衆生(당원중생)
得入佛乘(득입불승) 三世平等(삼세평등)

見不捨人(견불사인) 當願衆生(당원중생)

사경의 공덕은 십만억 부처님께 공양한 것과 같은 공덕이 있습니다.

常不捨離 (상불사리)
見能捨人 (견능사인)
永得捨離 (영득사리)
若見空鉢 (약견공발)
其心淸淨 (기심청정)
若見滿鉢 (약견만발)
具足成滿 (구족성만)

勝功德法 (승공덕법)
當願衆生 (당원중생)
三惡道苦 (삼악도고)
當願衆生 (당원중생)
空無煩惱 (공무번뇌)
當願衆生 (당원중생)
一切善法 (일체선법)

사경의 공덕은 십만억 부처님께 공양한 것과 같은 공덕이 있습니다.

若得恭敬 약득공경
恭敬修行 공경수행
不得恭敬 부득공경
不行一切 불행일체
見慚恥人 견참치인
具慚恥行 구참치행
見無慚恥 견무참치

當願衆生 당원중생
一切佛法 일체불법
當願衆生 당원중생
不善之法 불선지법
當願衆生 당원중생
藏護諸根 장호제근
當願衆生 당원중생

捨離無慚 사리무참
住大慈道 주대자도

若得美食 약득미식
當願衆生 당원중생

滿足其願 만족기원
心無羨欲 심무선욕

得不美食 득불미식
當願衆生 당원중생

莫不獲得 막불획득
諸三昧味 제삼매미

得柔軟食 득유연식
當願衆生 당원중생

大悲所熏 대비소훈
心意柔軟 심의유연

得麤澀食 득추삽식
當願衆生 당원중생
心無染著 심무염착
絶世貪愛 절세탐애
若飯食時 약반식시
當願衆生 당원중생
禪悅爲食 선열위식
法喜充滿 법희충만
若受味時 약수미시
當願衆生 당원중생
得佛上味 득불상미
甘露滿足 감로만족
飯食已訖 반사이흘
當願衆生 당원중생

사경의 공덕은 십만억 부처님께 공양한 것과 같은 공덕이 있습니다.

所作皆辨 소작개변
若說法時 약설법시
得無盡辯 득무진변
從舍出時 종사출시
深入佛智 심입불지
若入水時 약입수시
入一切智 입일체지

具諸佛法 구제불법
當願衆生 당원중생
廣宣法要 광선법요
當願衆生 당원중생
永出三界 영출삼계
當願衆生 당원중생
知三世等 지삼세등

洗浴身體(세욕신체) 當願衆生(당원중생)
身心無垢(신심무구) 內外光潔(내외광결)
盛暑炎毒(성서염독) 當願衆生(당원중생)
捨離衆惱(사리중뇌) 一切皆盡(일체개진)
暑退涼初(서퇴량초) 當願衆生(당원중생)
證無上法(증무상법) 究竟清涼(구경청량)
諷誦經時(풍송경시) 當願衆生(당원중생)

順佛所說 (순불소설)
若得見佛 (약득견불)
得無礙眼 (득무애안)
諦觀佛時 (체관불시)
皆如普賢 (개여보현)
見佛塔時 (견불탑시)
尊重如塔 (존중여탑)

總持不忘 (총지불망)
當願衆生 (당원중생)
見一切佛 (견일체불)
當願衆生 (당원중생)
端正嚴好 (단정엄호)
當願衆生 (당원중생)
受天人供 (수천인공)

敬경 心심 觀관 塔탑
諸제 天천 及급 人인
頂정 禮례 於어 塔탑
一일 切체 天천 人인
右우 遶요 於어 塔탑
所소 行행 無무 逆역
遶요 塔탑 三삼 帀잡

當당 願원 衆중 生생
所소 共공 瞻첨 仰앙
當당 願원 衆중 生생
無무 能능 見견 頂정
當당 願원 衆중 生생
成성 一일 切체 智지
當당 願원 衆중 生생

勤求佛道 근구불도
讚佛功德 찬불공덕
衆德悉具 중덕실구
讚佛相好 찬불상호
成就佛身 성취불신
若洗足時 약세족시
具神足力 구신족력

心無懈歇 심무해헐
當願衆生 당원중생
稱歎無盡 칭탄무진
當願衆生 당원중생
證無相法 증무상법
當願衆生 당원중생
所行無礙 소행무애

사경의 공덕은 십만억 부처님께 공양한 것과 같은 공덕이 있습니다.

以時寢息 當願衆生
이시침식 당원중생

身得安隱 心無動亂
신득안은 심무동란

睡眠始寤 當願衆生
수면시오 당원중생

一切智覺 周顧十方
일체지각 주고시방

佛子若諸菩薩如是用心
불자약제보살여시용심

則獲一切勝妙功德一切世
즉획일체승묘공덕일체세

間諸天魔梵沙門婆羅門乾
간제천마범사문바라문건

闥婆阿修羅等及以一切聲
달바아수라등급이일체성

聞緣覺所不能動
문연각소불능동

賢首品第十二之一
현수품제십이지일

爾時文殊師利菩薩說無
이시문수사리보살설무

濁亂淸淨行大功德已欲顯
탁란청정행대공덕이욕현

示菩提心功德故以偈問賢
시보리심공덕고이게문현

首菩薩曰 (수보살왈)

我今已爲諸菩薩 (아금이위제보살)

說佛往修淸淨行 (설불왕수청정행)

仁亦當於此會中 (인역당어차회중)

演暢修行勝功德 (연창수행승공덕)

爾時賢首菩薩以偈答曰 (이시현수보살이게답왈)

善哉仁者應諦聽 (선재인자응체청)

彼諸功德不可量
피제공덕불가량

我今隨力說少分
아금수력설소분

猶如大海一滴水
유여대해일적수

若有菩薩初發心
약유보살초발심

誓求當證佛菩提
서구당증불보리

彼之功德無邊際
피지공덕무변제

不可稱量無與等
불가칭량무여등

何況無量無邊劫
하황무량무변겁

具修地度諸功德
구수지도제공덕

十方一切諸如來
시방일체제여래

悉共稱揚不能盡
실공칭양불능진

如是無邊大功德
여시무변대공덕

我今於中說少分
아금어중설소분

譬如鳥足所履空
비여조족소리공

亦如大地一微塵
역 여 대 지 일 미 진

菩薩發意求菩提
보 살 발 의 구 보 리

非是無因無有緣
비 시 무 인 무 유 연

於佛法僧生淨信
어 불 법 승 생 정 신

以是而生廣大心
이 시 이 생 광 대 심

不求五欲及王位
불 구 오 욕 급 왕 위

富饒自樂大名稱
부 요 자 락 대 명 칭

但爲永滅衆生苦 (단위영멸중생고)
利益世間而發心 (이익세간이발심)
常欲利樂諸衆生 (상욕리락제중생)
莊嚴國土供養佛 (장엄국토공양불)
受持正法修諸智 (수지정법수제지)
證菩提故而發心 (증보리고이발심)
深心信解常淸淨 (심심신해상청정)

恭敬尊重一切佛 (공경존중일체불)
於法及僧亦如是 (어법급승역여시)
至誠供養而發心 (지성공양이발심)
深信於佛及佛法 (심신어불급불법)
亦信佛子所行道 (역신불자소행도)
及信無上大菩提 (급신무상대보리)
菩薩以是初發心 (보살이시초발심)

信爲道元功德母
신위도원공덕모

長養一切諸善法
장양일체제선법

斷除疑網出愛流
단제의망출애류

開示涅槃無上道
개시열반무상도

信無垢濁心清淨
신무구탁심청정

滅除憍慢恭敬本
멸제교만공경본

亦爲法藏第一財
역위법장제일재

사경의 공덕은 십만억 부처님께 공양한 것과 같은 공덕이 있습니다.

爲淸淨手受衆行 (위청정수수중행)

信能惠施心無悋 (신능혜시심무린)

信能歡喜入佛法 (신능환희입불법)

信能增長智功德 (신능증장지공덕)

信能必到如來地 (신능필도여래지)

信令諸根淨明利 (신령제근정명리)

信力堅固無能壞 (신력견고무능괴)

信能永滅煩惱本
신능영멸번뇌본

信能專向佛功德
신능전향불공덕

信於境界無所著
신어경계무소착

遠離諸難得無難
원리제난득무난

信能超出衆魔路
신능초출중마로

示現無上解脫道
시현무상해탈도

信爲功德不壞種
신위공덕불괴종

信能生長菩提樹
신능생장보리수

信能增益最勝智
신능증익최승지

信能示現一切佛
신능시현일체불

是故依行說次第
시고의행설차제

信樂最勝甚難得
신락최승심난득

譬如一切世間中
비여일체세간중

而有隨意妙寶珠
이유수의묘보주

若常信奉於諸佛
약상신봉어제불

則能持戒修學處
즉능지계수학처

若常持戒修學處
약상지계수학처

則能具足諸功德
즉능구족제공덕

戒能開發菩提本
계능개발보리본

學是勤修功德地
학시근수공덕지

於戒及學常順行
어계급학상순행

一切如來所稱美
일체여래소칭미

若常信奉於諸佛
약상신봉어제불

則能興集大供養
즉능흥집대공양

若能興集大供養
약능흥집대공양

彼人信佛不思議
피인신불불사의

若常信奉於尊法
약상신봉어존법

則聞佛法無厭足
즉문불법무염족

若聞佛法無厭足
약문불법무염족

彼人信法不思議
피인신법불사의

若常信奉清淨僧
약상신봉청정승

則得信心不退轉
즉득신심불퇴전

若得信心不退轉
약득신심불퇴전

彼人信力無能動
피인신력무능동

若得信力無能動
약득신력무능동

사경의 공덕은 십만억 부처님께 공양한 것과 같은 공덕이 있습니다.

則得諸根淨明利 (즉득제근정명리)

若得諸根淨明利 (약득제근정명리)

則能遠離惡知識 (즉능원리악지식)

若能遠離惡知識 (약능원리악지식)

則得親近善知識 (즉득친근선지식)

若得親近善知識 (약득친근선지식)

則能修集廣大善 (즉능수집광대선)

若能修集廣大善
약능수집광대선

彼人成就大因力
피인성취대인력

若人成就大因力
약인성취대인력

則得殊勝決定解
즉득수승결정해

若得殊勝決定解
약득수승결정해

則爲諸佛所護念
즉위제불소호념

若爲諸佛所護念
약위제불소호념

則즉 能능 發발 起기 菩보 提리 心심

若약 能능 發발 起기 菩보 提리 心심

則즉 能능 勤근 修수 佛불 功공 德덕

若약 能능 勤근 修수 佛불 功공 德덕

則즉 得득 生생 在재 如여 來래 家가

若약 得득 生생 在재 如여 來래 家가

則즉 善선 修수 行행 巧교 方방 便편

若善修行巧方便
약 선 수 행 교 방 편

則得信樂心清淨
즉 득 신 락 심 청 정

若得信樂心清淨
약 득 신 락 심 청 정

則得增上最勝心
즉 득 증 상 최 승 심

若得增上最勝心
약 득 증 상 최 승 심

則常修習波羅蜜
즉 상 수 습 바 라 밀

若常修習波羅蜜
약 상 수 습 바 라 밀

사경의 공덕은 십만억 부처님께 공양한 것과 같은 공덕이 있습니다.

則能具足摩訶衍
즉능구족마하연

若能具足摩訶衍
약능구족마하연

則能如法供養佛
즉능여법공양불

若能如法供養佛
약능여법공양불

則能念佛心不動
즉능념불심부동

若能念佛心不動
약능념불심부동

則常覩見無量佛
즉상도견무량불

사경의 공덕은 십만억 부처님께 공양한 것과 같은 공덕이 있습니다.

若常覩見無量佛 (약상도견무량불)

則見如來體常住 (즉견여래체상주)

若見如來體常住 (약견여래체상주)

則能知法永不滅 (즉능지법영불멸)

若能知法永不滅 (약능지법영불멸)

則得辯才無障礙 (즉득변재무장애)

若得辯才無障礙 (약득변재무장애)

則能開演無邊法 (즉능개연무변법)

若能開演無邊法 (약능개연무변법)

則能慈愍度衆生 (즉능자민도중생)

若能慈愍度衆生 (약능자민도중생)

則得堅固大悲心 (즉득견고대비심)

若得堅固大悲心 (약득견고대비심)

則能愛樂甚深法 (즉능애락심심법)

若能愛樂甚深法 (약능애락심심법)
則能捨離有爲過 (즉능사리유위과)
若能捨離有爲過 (약능사리유위과)
則離憍慢及放逸 (즉리교만급방일)
若離憍慢及放逸 (약리교만급방일)
則能兼利一切衆 (즉능겸리일체중)
若能兼利一切衆 (약능겸리일체중)

則處生死無疲厭
즉처생사무피염

若處生死無疲厭
약처생사무피염

則能勇健無能勝
즉능용건무능승

若能勇健無能勝
약능용건무능승

則能發起大神通
즉능발기대신통

若能發起大神通
약능발기대신통

則知一切衆生行
즉지일체중생행

若知一切衆生行
약지일체중생행

則能成就諸群生
즉능성취제군생

若能成就諸群生
약능성취제군생

則得善攝衆生智
즉득선섭중생지

若得善攝衆生智
약득선섭중생지

則能成就四攝法
즉능성취사섭법

若能成就四攝法
약능성취사섭법

則與衆生無限利
즉여중생무한리

若與衆生無限利
약여중생무한리

則具最勝智方便
즉구최승지방편

若具最勝智方便
약구최승지방편

則住勇猛無上道
즉주용맹무상도

若住勇猛無上道
약주용맹무상도

則能摧殄諸魔力
즉능최진제마력

若得無生深法忍
약득무생심법인

則得無生深法忍
즉득무생심법인

若得至於不退地
약득지어불퇴지

則得至於不退地
즉득지어불퇴지

若能超出四魔境
약능초출사마경

則能超出四魔境
즉능초출사마경

若能摧殄諸魔力
약능최진제마력

則爲諸佛所授記 (즉위제불소수기)
若爲諸佛所授記 (약위제불소수기)
則一切佛現其前 (즉일체불현기전)
若一切佛現其前 (약일체불현기전)
則了神通深密用 (즉료신통심밀용)
若了神通深密用 (약료신통심밀용)
則爲諸佛所憶念 (즉위제불소억념)

若爲諸佛所憶念 (약위제불소억념)
則以佛德自莊嚴 (즉이불덕자장엄)
若以佛德自莊嚴 (약이불덕자장엄)
則獲妙福端嚴身 (즉획묘복단엄신)
若獲妙福端嚴身 (약획묘복단엄신)
則身晃耀如金山 (즉신황요여금산)
若身晃耀如金山 (약신황요여금산)

則 즉	若 약	則 즉	若 약	則 즉	若 약	則 즉
不 불	身 신	身 신	具 구	具 구	相 상	相 상
思 사	光 광	光 광	隨 수	隨 수	莊 장	莊 장
議 의	明 명	明 명	好 호	好 호	嚴 엄	嚴 엄
光 광	無 무	無 무	爲 위	爲 위	三 삼	三 삼
莊 장	限 한	限 한	嚴 엄	嚴 엄	十 십	十 십
嚴 엄	量 량	量 량	飾 식	飾 식	二 이	二 이

사경의 공덕은 십만억 부처님께 공양한 것과 같은 공덕이 있습니다.

若不思議光莊嚴
약불사의광장엄

其光則出諸蓮華
기광즉출제연화

其光若出諸蓮華
기광약출제연화

則無量佛坐華上
즉무량불좌화상

示現十方靡不徧
시현시방미불변

悉能調伏諸衆生
실능조복제중생

若能如是調衆生
약능여시조중생

則現無量神通力 즉현무량신통력

若現無量神通力 약현무량신통력

則住不可思議土 즉주불가사의토

演說不可思議法 연설불가사의법

令不思議衆歡喜 영불사의중환희

若說不可思議法 약설불가사의법

令不思議衆歡喜 영불사의중환희

則以智慧辯才力 즉이지혜변재력

隨衆生心而化誘 수중생심이화유

若以智慧辯才力 약이지혜변재력

隨衆生心而化誘 수중생심이화유

則以智慧爲先導 즉이지혜위선도

身語意業恒無失 신어의업항무실

若以智慧爲先導 약이지혜위선도

身語意業恒無失
신어의업항무실

則其願力得自在
즉기원력득자재

普隨諸趣而現身
보수제취이현신

若其願力得自在
약기원력득자재

普隨諸趣而現身
보수제취이현신

則能爲衆說法時
즉능위중설법시

音聲隨類難思議
음성수류난사의

若能爲衆說法時
약능위중설법시

音聲隨類難思議
음성수류난사의

則於一切衆生心
즉어일체중생심

一念悉知無有餘
일념실지무유여

若於一切衆生心
약어일체중생심

一念悉知無有餘
일념실지무유여

則知煩惱無所起
즉지번뇌무소기

永不沒溺於生死 영불몰닉어생사

若知煩惱無所起 약지번뇌무소기

永不沒溺於生死 영불몰닉어생사

則獲功德法性身 즉획공덕법성신

以法威力現世間 이법위력현세간

若獲功德法性身 약획공덕법성신

以法威力現世間 이법위력현세간

사경의 공덕은 십만억 부처님께 공양한 것과 같은 공덕이 있습니다.

則獲十地十自在
즉획십지십자재

修行諸度勝解脫
수행제도승해탈

若得十地十自在
약득십지십자재

修行諸度勝解脫
수행제도승해탈

則獲灌頂大神通
즉획관정대신통

住於最勝諸三昧
주어최승제삼매

若獲灌頂大神通
약획관정대신통

住於最勝諸三昧 (주어최승제삼매)

則於十方諸佛所 (즉어시방제불소)

應受灌頂而昇位 (응수관정이승위)

若於十方諸佛所 (약어시방제불소)

應受灌頂而昇位 (응수관정이승위)

則蒙十方一切佛 (즉몽시방일체불)

手以甘露灌其頂 (수이감로관기정)

사경의 공덕은 십만억 부처님께 공양한 것과 같은 공덕이 있습니다.

若蒙十方一切佛
약몽시방일체불

手以甘露灌其頂
수이감로관기정

則身充徧如虛空
즉신충변여허공

安住不動滿十方
안주부동만시방

若身充徧如虛空
약신충변여허공

安住不動滿十方
안주부동만시방

則彼所行無與等
즉피소행무여등

諸天世人莫能知 (제천세인막능지)
菩薩勤修大悲行 (보살근수대비행)
願度一切無不果 (원도일체무불과)
見聞聽受若供養 (견문청수약공양)
靡不皆令獲安樂 (미불개령획안락)
彼諸大士威神力 (피제대사위신력)
法眼常全無缺減 (법안상전무결감)

사경의 공덕은 십만억 부처님께 공양한 것과 같은 공덕이 있습니다.

十善妙行等諸道
십선묘행등제도

無上勝寶皆令現
무상승보개령현

譬如大海金剛聚
비여대해금강취

以彼威力生衆寶
이피위력생중보

無減無增亦無盡
무감무증역무진

菩薩功德聚亦然
보살공덕취역연

或有刹土無有佛
혹유찰토무유불

於彼示現成正覺 (어피시현성정각)
或有國土不知法 (혹유국토부지법)
於彼爲說妙法藏 (어피위설묘법장)
無有分別無功用 (무유분별무공용)
於一念頃徧十方 (어일념경변시방)
如月光影靡不周 (여월광영미부주)
無量方便化群生 (무량방편화군생)

사경의 공덕은 십만억 부처님께 공양한 것과 같은 공덕이 있습니다.

於彼十方世界中
어 피 시 방 세 계 중

念念示現成佛道
염 념 시 현 성 불 도

轉正法輪入寂滅
전 정 법 륜 입 적 멸

乃至舍利廣分布
내 지 사 리 광 분 포

或現聲聞獨覺道
혹 현 성 문 독 각 도

或現成佛普莊嚴
혹 현 성 불 보 장 엄

如是開闡三乘教
여 시 개 천 삼 승 교

廣度衆生無量劫
광도중생무량겁

或現童男童女形
혹현동남동녀형

天龍及以阿修羅
천룡급이아수라

乃至摩睺羅伽等
내지마후라가등

隨其所樂悉令見
수기소락실령견

衆生形相各不同
중생형상각부동

行業音聲亦無量
행업음성역무량

如是一切皆能現 (여시일체개능현)
海印三昧威神力 (해인삼매위신력)
嚴淨不可思議刹 (엄정불가사의찰)
供養一切諸如來 (공양일체제여래)
放大光明無有邊 (방대광명무유변)
度脫衆生亦無限 (도탈중생역무한)
智慧自在不思議 (지혜자재불사의)

說(설)法(법)言(언)辭(사)無(무)有(유)礙(애)
施(시)戒(계)忍(인)進(진)及(급)禪(선)定(정)
智(지)慧(혜)方(방)便(편)神(신)通(통)等(등)
如(여)是(시)一(일)切(체)皆(개)自(자)在(재)
以(이)佛(불)華(화)嚴(엄)三(삼)昧(매)力(력)
一(일)微(미)塵(진)中(중)入(입)三(삼)昧(매)
成(성)就(취)一(일)切(체)微(미)塵(진)定(정)

而彼微塵亦不增
이 피 미 진 역 부 증

於一普現難思刹
어 일 보 현 난 사 찰

彼一塵內衆多刹
피 일 진 내 중 다 찰

或有有佛或無佛
혹 유 유 불 혹 무 불

或有雜染或清淨
혹 유 잡 염 혹 청 정

或有廣大或狹小
혹 유 광 대 혹 협 소

或復有成或有壞
혹 부 유 성 혹 유 괴

사경의 공덕은 십만억 부처님께 공양한 것과 같은 공덕이 있습니다.

或有正住或傍住 (혹유정주혹방주)
或如曠野熱時焰 (혹여광야열시염)
或如天上因陀網 (혹여천상인다망)
如一塵中所示現 (여일진중소시현)
一切微塵悉亦然 (일체미진실역연)
此大名稱諸聖人 (차대명칭제성인)
三昧解脫神通力 (삼매해탈신통력)

若欲供養一切佛
약욕공양일체불

入于三昧起神變
입우삼매기신변

能以一手遍三千
능이일수변삼천

普供一切諸如來
보공일체제여래

十方所有勝妙華
시방소유승묘화

塗香末香無價寶
도향말향무가보

如是皆從手中出
여시개종수중출

사경의 공덕은 십만억 부처님께 공양한 것과 같은 공덕이 있습니다.

供養道樹諸最勝
공양도수제최승

無價寶衣雜妙香
무가보의잡묘향

寶幢幡蓋皆嚴好
보당번개개엄호

眞金爲華寶爲帳
진금위화보위장

莫不皆從掌中雨
막불개종장중우

十方所有諸妙物
시방소유제묘물

應可奉獻無上尊
응가봉헌무상존

사경의 공덕은 십만억 부처님께 공양한 것과 같은 공덕이 있습니다.

掌中悉雨無不備 장중실우무불비
菩提樹前持供佛 보리수전지공불
十方一切諸妓樂 시방일체제기악
鐘鼓琴瑟非一類 종고금슬비일류
悉奏和雅妙音聲 실주화아묘음성
靡不從於掌中出 미부종어장중출
十方所有諸讚頌 시방소유제찬송

稱歎如來實功德 (칭탄여래실공덕)
如是種種妙言辭 (여시종종묘언사)
皆從掌內而開演 (개종장내이개연)
菩薩右手放淨光 (보살우수방정광)
光中香水從空雨 (광중향수종공우)
普灑十方諸佛土 (보쇄시방제불토)
供養一切照世燈 (공양일체조세등)

又放光明妙莊嚴
우방광명묘장엄

出生無量寶蓮華
출생무량보연화

其華色相皆殊妙
기화색상개수묘

以此供養於諸佛
이차공양어제불

又放光明華莊嚴
우방광명화장엄

種種妙華集爲帳
종종묘화집위장

普散十方諸國土
보산시방제국토

供養一切大德尊
공양일체대덕존

又放光明香莊嚴
우방광명향장엄

種種妙香集爲帳
종종묘향집위장

普散十方諸國土
보산시방제국토

供養一切大德尊
공양일체대덕존

又放光明末香嚴
우방광명말향엄

種種末香聚爲帳
종종말향취위장

사경의 공덕은 십만억 부처님께 공양한 것과 같은 공덕이 있습니다.

普散十方諸國土
보산시방제국토

供養一切大德尊
공양일체대덕존

又放光明衣莊嚴
우방광명의장엄

種種名衣集爲帳
종종명의집위장

普散十方諸國土
보산시방제국토

供養一切大德尊
공양일체대덕존

又放光明寶莊嚴
우방광명보장엄

供 공	普 보	種 종	又 우	供 공	普 보	種 종
養 양	散 산	種 종	放 방	養 양	散 산	種 종
一 일	十 시	蓮 연	光 광	一 일	十 시	妙 묘
切 체	方 방	華 화	明 명	切 체	方 방	寶 보
大 대	諸 제	集 집	蓮 련	大 대	諸 제	集 집
德 덕	國 국	爲 위	莊 장	德 덕	國 국	爲 위
尊 존	土 토	帳 장	嚴 엄	尊 존	土 토	帳 장

又放光明瓔莊嚴
우방광명영장엄

種種妙瓔集爲帳
종종묘영집위장

普散十方諸國土
보산시방제국토

供養一切大德尊
공양일체대덕존

又放光明幢莊嚴
우방광명당장엄

其幢絢煥備衆色
기당현환비중색

種種無量皆殊好
종종무량개수호

以(이)此(차)莊(장)嚴(엄)諸(제)佛(불)土(토)

種(종)種(종)雜(잡)寶(보)莊(장)嚴(엄)蓋(개)

衆(중)妙(묘)繒(증)幡(번)共(공)垂(수)飾(식)

摩(마)尼(니)寶(보)鐸(탁)演(연)佛(불)音(음)

執(집)持(지)供(공)養(양)諸(제)如(여)來(래)

手(수)出(출)供(공)具(구)難(난)思(사)議(의)

如(여)是(시)供(공)養(양)一(일)導(도)師(사)

사경의 공덕은 십만억 부처님께 공양한 것과 같은 공덕이 있습니다.

一切佛所皆如是
일체불소개여시

大士三昧神通力
대사삼매신통력

菩薩住在三昧中
보살주재삼매중

種種自在攝衆生
종종자재섭중생

悉以所行功德法
실이소행공덕법

無量方便而開誘
무량방편이개유

或以供養如來門
혹이공양여래문

사경의 공덕은 십만억 부처님께 공양한 것과 같은 공덕이 있습니다.

或以難思布施門
혹이난사보시문

或以頭陀持戒門
혹이두타지계문

或以不動堪忍門
혹이부동감인문

或以苦行精進門
혹이고행정진문

或以寂靜禪定門
혹이적정선정문

或以決了智慧門
혹이결료지혜문

或以所行方便門
혹이소행방편문

或以梵住神通門 (혹이범주신통문)
或以四攝利益門 (혹이사섭리익문)
或以福智莊嚴門 (혹이복지장엄문)
或以因緣解脫門 (혹이인연해탈문)
或以根力正道門 (혹이근력정도문)
或以聲聞解脫門 (혹이성문해탈문)
或以獨覺淸淨門 (혹이독각청정문)

或以大乘自在門
혹이대승자재문

或以無常衆苦門
혹이무상중고문

或以無我壽者門
혹이무아수자문

或以不淨離欲門
혹이부정리욕문

或以滅盡三昧門
혹이멸진삼매문

隨諸衆生病不同
수제중생병부동

悉以法藥而對治
실이법약이대치

사경의 공덕은 십만억 부처님께 공양한 것과 같은 공덕이 있습니다.

隨諸衆生心所樂
수제중생심소락

悉以方便而滿足
실이방편이만족

隨諸衆生行差別
수제중생행차별

悉以善巧而成就
실이선교이성취

如是三昧神通相
여시삼매신통상

一切天人莫能測
일체천인막능측

有妙三昧名隨樂
유묘삼매명수락

菩薩住此普觀察
보살주차보관찰

隨宜示現度衆生
수의시현도중생

悉使歡心從法化
실사환심종법화

劫中饑饉災難時
겁중기근재난시

悉與世間諸樂具
실여세간제락구

隨其所欲皆令滿
수기소욕개령만

普爲衆生作饒益
보위중생작요익

或以飲食上好味
혹이음식상호미

寶衣嚴具衆妙物
보의엄구중묘물

乃至王位皆能捨
내지왕위개능사

令以施者悉從化
영이시자실종화

或以相好莊嚴身
혹이상호장엄신

上妙衣服寶瓔珞
상묘의복보영락

華鬘爲飾香塗體
화만위식향도체

威儀具足度衆生
위의구족도중생

一切世間所好尚
일체세간소호상

色相顏容及衣服
색상안용급의복

隨應普現愜其心
수응보현협기심

俾樂色者皆從道
비락색자개종도

迦陵頻伽美妙音
가릉빈가미묘음

俱枳羅等妙音聲
구지라등묘음성

種種梵音皆具足
종종범음개구족

隨其心樂爲說法
수기심락위설법

八萬四千諸法門
팔만사천제법문

諸佛以此度衆生
제불이차도중생

彼亦如其差別法
피역여기차별법

隨世所宜而化度
수세소의이화도

衆生苦樂利衰等
중생고락리쇠등

一切世間所作法
일체세간소작법

悉能應現同其事
실능응현동기사

以此普度諸衆生
이차보도제중생

一切世間衆苦患
일체세간중고환

深廣無涯如大海
심광무애여대해

與彼同事悉能忍
여피동사실능인

令其利益得安樂
영기리익득안락

若有不識出離法
약유불식출리법

不求解脫離諠憒
불구해탈리훤궤

菩薩爲現捨國財
보살위현사국재

常樂出家心寂靜
상락출가심적정

家是貪愛繫縛所
가시탐애계박소

欲使衆生悉免離
욕사중생실면리

故示出家得解脫
고시출가득해탈

於諸欲樂無所愛
어제욕락무소애

菩薩示行十種行
보살시행십종행

亦行一切大人法
역행일체대인법

諸仙行等悉無餘
제선행등실무여

爲欲利益衆生故
위욕리익중생고

若有衆生壽無量
약유중생수무량

煩惱微細樂具足
번뇌미세락구족

菩보薩살於어中중得득自자在재

示시受수老로病병死사衆중患환

或혹有유貪탐欲욕瞋진恚에癡치

煩번惱뇌猛맹火화常상熾치然연

菩보薩살爲위現현老로病병死사

令영彼피衆중生생悉실調조伏복

如여來래十십力력無무所소畏외

及以十八不共法
급이십팔불공법

所有無量諸功德
소유무량제공덕

悉以示現度衆生
실이시현도중생

記心教誡及神足
기심교계급신족

悉是如來自在用
실시여래자재용

彼諸大士皆示現
피제대사개시현

能使衆生盡調伏
능사중생진조복

菩薩種種方便門
보살종종방편문

隨順世法度衆生
수순세법도중생

譬如蓮華不著水
비여연화불착수

如是在世令深信
여시재세령심신

雅思淵才文中王
아사연재문중왕

歌舞談說衆所欣
가무담설중소흔

一切世間衆技術
일체세간중기술

譬如幻師無不現 (비여환사무불현)
或爲長者邑中主 (혹위장자읍중주)
或爲賈客商人導 (혹위가객상인도)
或爲國王及大臣 (혹위국왕급대신)
或作良醫善衆論 (혹작양의선중론)
或於曠野作大樹 (혹어광야작대수)
或爲良藥衆寶藏 (혹위양약중보장)

或作寶珠隨所求 (혹작보주수소구)
或以正道示衆生 (혹이정도시중생)
若見世界始成立 (약견세계시성립)
衆生未有資身具 (중생미유자신구)
是時菩薩爲工匠 (시시보살위공장)
爲之示現種種業 (위지시현종종업)
不作逼惱衆生物 (부작핍뇌중생물)

但說利益世間事
단설이익세간사

呪術藥草等衆論
주술약초등중론

如是所有皆能說
여시소유개능설

一切仙人殊勝行
일체선인수승행

人天等類同信仰
인천등류동신앙

如是難行苦行法
여시난행고행법

菩薩隨應悉能作
보살수응실능작

或作外道出家人
혹작외도출가인

或在山林自勤苦
혹재산림자근고

或露形體無衣服
혹로형체무의복

而於彼衆作師長
이어피중작사장

或現邪命種種行
혹현사명종종행

習行非法以爲勝
습행비법이위승

或現梵志諸威儀
혹현범지제위의

사경의 공덕은 십만억 부처님께 공양한 것과 같은 공덕이 있습니다.

於彼衆中爲上首 (어피중중위상수)
或受五熱隨日轉 (혹수오열수일전)
或持牛狗及鹿戒 (혹지우구급록계)
或著壞衣奉事火 (혹착괴의봉사화)
爲化是等作導師 (위화시등작도사)
或有示謁諸天廟 (혹유시알제천묘)
或復示入恒河水 (혹부시입항하수)

食根果等悉示行
식근과등실시행

於彼常思己勝法
어피상사기승법

或現蹲踞或翹足
혹현준거혹교족

或臥草棘及灰上
혹와초극급회상

或復臥杵求出離
혹부와저구출리

而於彼衆作師首
이어피중작사수

如是等類諸外道
여시등류제외도

觀其意解與同事
관기의해여동사

所示苦行世靡堪
소시고행세미감

令彼見已皆調伏
영피견이개조복

衆生迷惑稟邪教
중생미혹품사교

住於惡見受衆苦
주어악견수중고

爲其方便說妙法
위기방편설묘법

悉令得解眞實諦
실령득해진실제

或邊呪語說四諦
혹변주어설사제

或善密語說四諦
혹선밀어설사제

或人直語說四諦
혹인직어설사제

或天密語說四諦
혹천밀어설사제

分別文字說四諦
분별문자설사제

決定義理說四諦
결정의리설사제

善破於他說四諦
선파어타설사제

非外所動說四諦
비외소동설사제

或八部語說四諦
혹팔부어설사제

或一切語說四諦
혹일체어설사제

隨彼所解語言音
수피소해어언음

爲說四諦令解脫
위설사제령해탈

所有一切諸佛法
소유일체제불법

皆如是說無不盡
개여시설무부진

知語境界不思議
지어경계불사의

是名說法三昧力
시명설법삼매력

사경의 공덕은 십만억 부처님께 공양한 것과 같은 공덕이 있습니다.

發 願 文

귀의 삼보하옵고

거룩하신 부처님께 발원하옵나이다.

주 소 : ______________________

전 화 : ______________ 불명 : ______ 성명 : ______

불기 25 ______ 년 ______ 월 ______ 일

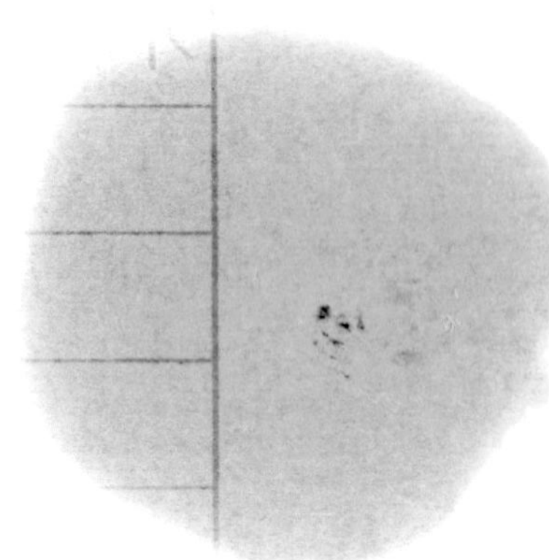